Penny McLean · Der wahre Prophet

Penny McLean

Der wahre Prophet

beantwortet alle Schicksalsfragen

KAILASH

KAILASH

Bibliografische Information der Deutschen Bibliothek:
Die Deutsche Bibliothek verzeichnet diese Publikation
in der Deutschen Nationalbibliografie; detaillierte
bibliografische Daten sind im Internet über
http://dnb.ddb.de abrufbar.

Umschlaggestaltung: 'Werkstatt München / Weiss · Zembsch
Produktion: Ortrud Müller
Satz: 'Werkstatt München / Weiss · Zembsch
Printed in Hongkong

ISBN 3-7205-2430-2

Inhaltsverzeichnis

7 Vorwort

8 Der Fund

12 Die »Erfindung«

14 Die Suche

25 Nachtrag

26 Spielanleitung (Zeitgemäß)

35 Spielanleitung (Original)

79 Allgemeines

Vorwort

Das Orakelspiel, das Sie hier in Händen halten, ist kein Spiel der üblichen Art. Es wurde in keiner professionellen Spielefabrik beim jährlichen Ideenaustausch ersonnen oder dem Verlag von einem besessenen Erfinder aufgedrängt, sondern es entstammt dem Bedürfnis einer jungen Frau, die langweiligen Abendgesellschaften mit ihren immer gleichen ermüdenden Gesellschaftsspielen (Post und Reise, Was soll das Pfand in meiner Hand usw.), die kennzeichnend für das 19. Jahrhundert waren, mit einer völlig neuen Idee zu überraschen.

Zu dieser Zeit, etwa um 1870, war das Geheimnisvolle und Okkulte groß in Mode und Menschen aller Gesellschaftsschichten machten sich zu mehr oder weniger fragwürdigen Exkursionen in die geistige jenseitige Welt auf. Spiritistische Sitzungen, bei denen hohle Stimmen der Verstorbenen aus dem Ofen erschallten und sich Tische, wie von Geisterhand berührt, in Bewegung setzten, waren an der Tages- oder besser Nachtordnung. Selbst Kaiserin Elisabeth von Österreich, die berühmte Sissi, soll sich mit größter Begeisterung der Kontaktaufnahme mit den unsichtbaren Wesenheiten hingegeben haben.

Die Art des Spiels »Der wahre Prophet« spiegelt aber nicht nur die damalige Tendenz zu Übersinnlichem wider, sondern auch geradezu das Gegenteil, nämlich das Bedürfnis, die Welt durch mathematisch-logisches Denken erklärbar zu machen.

So ist dieses Spiel wie die ganze Welt: ein Widerspruch in sich selbst, eine Bejahung, eine Verneinung und ein kleines Zugeständnis an das, was dazwischen liegt.

Der Fund

An einem regnerisch-schwülen Herbsttag zu Beginn unseres neuen Jahrtausends begann ich mit tatkräftiger Unterstützung meines altbewährten und kampferprobten Umzugs- und Katastrophenteams, bestehend aus vier unerschrockenen Männern, das Haus, das meine Urgroßmutter im Jahre 1909 auf dem Lande unweit des Ammersees erbauen ließ, zu entrümpeln. Die ursprünglich innen wie außen bildhübsche Jugendstilvilla war durch Misswirtschaft in einen desolaten Zustand geraten und sollte nun, um mit der Renovierung beginnen zu können, zunächst von allem Unrat, der sich im Laufe der Jahre im wahrsten Sinn des Wortes festgesetzt hatte, befreit werden. Dieses Vorhaben nahm nicht nur unsere letzten Kräfte, sondern auch unsere gesamte Aufmerksamkeit in Anspruch, denn Bewahrenswertes und Unrat waren so miteinander vermischt, dass die Arbeit einer archäologischen Feldstudie glich. Nach mehr als einer Woche rastloser Grabungsarbeiten waren wir alle nicht nur am Ende unseres Durchhaltevermögens, sondern glücklicherweise auch am Ende unserer Bemühungen angekommen und meine guten Hilfsgeister zogen von dannen. Ich schloss die Holzläden im Parterre und ging noch einmal durch alle Stockwerke. Zuletzt landete ich im Speicher, durch dessen Dachluken die untergehenden Sonnenstrahlen sich in herumliegenden Glasscherben brachen. An einer Holzstrebe lehnte ein großer Reisigbesen, der mir wie eine letzte Aufforderung zu einer finalen Handlung vorkam. Ich ergriff ihn und kehrte Scherben, Dachziegeln, Marderschmutz und Papierknäuel auf einen Haufen zusammen. Beim letzten Besenstrich flog ein Gegenstand, wie von einer Schleuder katapultiert, aus dem schwungvoll transportierten Abfall und landete vor meinen Füßen. Zuerst dachte ich, es sei eines dieser flachen Zigarren-Etuis, wie sie um 1900 von den Herrn gerne benutzt worden waren. Ich hob es auf und untersuchte es genauer, doch ich fand rundum keinen Verschlussrand, den ich hätte öffnen können und auch keine Schnappfeder. Der Schmutz, durch die Schürze entfernt, gab schließlich einen Spalt in der Mitte des Vierecks frei und es gelang mir, die beiden Hälften auseinander zu ziehen. Zum Vorschein kam ein etwa zehnseitiges Manuskript, verfasst in zierlichstem Sütterlin, der deutschen Handschrift der vergangenen Jahrhunderte, sowie mehrere auf Karton gearbeitete Zahlentabellen. Ich setzte mich auf einen Holzbalken und versuchte, die Erinnerungsbruchstücke meiner vor 40 Jahren bei den Englischen Fräulein erlangten Kenntnisse der ungewohnten Schriftzeichen zu reaktivieren. »Der wahre Prophet« las ich mit Staunen und weiterhin, dass es sich wohl um eine Art Gesellschaftsspiel handeln musste, mit dem jede »in die Zukunft gerichtete Frage« prophetisch beantwortet werden konnte. Belustigt blätterte ich weiter und dann glaubte ich, im wahrsten Sinn des Wortes, eine Halluzination zu haben. Mitten in der Spielanleitung prangte eine nach unten verlaufende Zahlenpyramide. Nun haftet einer solchen Formation grundsätzlich nichts »Erschröckliches« an, doch in diesem ganz speziellen Fall eben doch. Denn seit ungefähr 30 Jahren beschäftige ich mich mit einem Fach, das den okkult-spirituellen Wissenschaften zuzuordnen ist: der Numerologie. Was in Bezug zu diesem Gebiet über Ziffern und Zahlenkombinationen von mir weltweit aufzutreiben gewesen war, hatte ich in dieser Zeit verschlungen, und eben, wenige Monate vor der Hausräumung, war mein eigenes Buch »Numerologie und Schicksal« erschienen. Die Hauptrollen in diesem Werk spielen, man höre und staune, sich nach unten verjüngende Zahlenpyramiden, mit deren Hilfe ich Namen und Geburtsdaten entschlüssle. Dieses, in jahrelanger Arbeit vervollkommnete System wurde 1989, während eines Vortrages in Wien, von mir erfunden – dachte ich ...

Die »Erfindung«

Wien – 1989

Ich stehe an der Tafel und erkläre einer gespannt lauschenden Zuhörerschaft die Zusammenhänge zwischen Zahlen und Buchstaben, Geburtsdaten und Namen. »Jedem Buchstaben ist eine Zahl zugeordnet und so besteht jeder Name nicht nur aus einer Abfolge von Vokalen und Konsonanten, sondern auch aus einer Aneinanderreihung von Zahlen, zum Beispiel A = 1, B = 2, C = 3«, erzähle ich und verteile die diesbezüglichen alphabetischen Listen, aus der jeder meiner Hörer seinen Namen selbst zusammenstellen kann. »Sehen Sie zum Beispiel den Namen Anna.« Ich schreibe A = 1, N = 5, N = 5, A = 1, 1 + 5 + 5 + 1 = 12, was hiermit die Quersumme 3 ergibt, entstanden aus 1 + 2.

Eigentlich ist damit die Berechnung beendet, doch irgendetwas treibt mich dazu, weiterzuschreiben, als würde eine fremde Hand mich führen.

A N N A

1 5 5 1

6 1 6

7 7

5

Ich sehe und staune, und plötzlich begreife ich.

Dieses damalige Begreifen kann ich nicht mit Worten beschreiben. Es war so, als wäre eine Trennwand verschwunden und dahinter ein weites, lang gesuchtes Land aufgetaucht. Endlich war eine Grenze, die lange unüberwindlich schien und mich immer gestört hatte, gefallen. Ich hatte den Schlüssel gefunden. Ich ...?

Die Suche

Da stand ich also nun, mehr als zehn Jahre später, auf einem hundertjährigen Speicher, mit einem verwitterten Büchlein und ein paar kartonierten Zahlentabellen in der Hand und musste zugeben, dass mir, zumindest bei der Grundidee der Pyramidenreduktion einer Zahlenreihe, jemand zuvorgekommen war.

Ich ging davon aus, dass es jemand aus der Familie gewesen sein mußte, ein Vorfahre, ein Ahne. Dazu muss ich noch sagen, dass ich an ein Fortleben der Ahnen in ihren Nachkommen glaube, und zwar nicht nur aus genetischer Sicht, sondern über eine feine seelisch-geistige Verbundenheit. In meinen Kursen sage ich seit Jahren: »Wir müssen zuerst den unerfüllten Träumen und Ansprüchen unserer Ahnen gerecht werden, ehe wir an unsere eigenen Träume denken dürfen.«

Ich hatte eine Ahnung, dass dieses kleine Manuskript etwas mit unerfüllten Ansprüchen und Träumen zu tun haben musste. Irgendjemand hatte nicht gewollt, dass dieses kleine Werk für immer im

Orkus des Vergessens verschwinden sollte, dass von all der geleisteten Arbeit, dem mühevollen Aufwand und dem inspirierten Erfindergeist nur Staub und Asche übrig bleiben würden.

Kein Zweifel: Von Numerologie hatte der Hersteller keine Ahnung gehabt. Das war auch nicht der Zweck des Spiels, doch das System war für mich, den Nachfahren, absolut verwendbar. Eine Hand wäscht die andere? Ich habe dir weitergeholfen und dafür erfüllst du nun meinen Traum?

Der Text der ersten Zeilen des Manuskripts ergab, dass irgendjemand anscheinend genug hatte von den ewig gleichen und langweiligen Gesellschaftsbelustigungen, die helfen sollten, die abendlichen Treffen der damaligen fernsehfreien Epoche zu beleben.

Dieser Jemand, darin bestand für mich kein Zweifel, musste eine Frau gewesen sein. Denn erstens war die Schrift für einen Mann viel zu zierlich und zweitens wusste ich auch, dass bei den Abendgesellschaften vergangener Zeiten sich die Herrn in den so genannten »Rauchsalon« zurückzogen, während die Damen, einer Tapeuse*

* Klavierspielerin

lauschend, im »Großen Salon« unter sich waren. Der übliche Klatsch war bald durchgekämmt, die neueste Mode ebenfalls schnell erörtert, genauso wie die neuesten Kochrezepte und Stickmuster. Ein wacher Geist konnte in dieser Umgebung leicht auf rebellische Gedanken kommen, eine Eigenschaft, die in unserer Familie bis heute keine Seltenheit ist. Die Frage war nur, wie rebelliert man auf elegante Weise, ohne unangenehm aufzufallen, und wie erfährt man, ganz nebenbei, auch noch etwas über die intimen Geheimnisse der anderen? Oder noch besser: Wie arbeite ich mich aus dem Hintergrund unauffällig in die vorderen Reihen?
Zu der Zeit hatte man als Frau diesbezüglich nicht allzu viele Möglichkeiten. Entweder man schrieb Bücher wie die Brontë-Schwestern, die einen Bestseller nach dem anderen gelandet hatten, oder man sang wie die unvergessene Malibran oder man war einfach nur eine Schönheit und mit einem hoch dekorierten Mann verheiratet. Ich nahm an, dass alle diese Möglichkeiten der Autorin des »Wahren Propheten« nicht zur Verfügung standen oder sie diese nicht nutzen konnte oder wollte. Doch sichtlich bestand ein tiefes Be-

dürfnis nach Kommunikation und Integration. Es musste also eine jüngere Frau sein, die anscheinend nicht selbstverständlich durch Geburt in den oberen Rängen etabliert war, wohl aber eben begonnen hatte, in der Gesellschaft Fuß zu fassen, dachte ich mir. Und so schritt ich vom Speicher in den Keller, wo sich in einem als Studierzimmer hergerichteten Raum unser Familienarchiv befindet.

Dieses Archiv wurde von der Familie vom Beginn des 18. Jahrhunderts bis zum Jahre 1938 akribisch geführt. Briefe wurden aufgehoben, Auszeichnungen bewahrt, Tagebücher angelegt, Zeichnungen und Fotos datiert, Biografien gehütet. Zwischen vier- und fünftausend Schrift- und Erinnerungsstücke ruhen dort im Dunkel des Archivschrankes.

Da stand ich nun mit einer Handschrift, die den aufbewahrten Sütterlin-Dokumenten wie ein Ei dem anderen glich, und wusste nicht, wo ich beginnen sollte.

In der Zwischenzeit hatte sich der kostbarste aller Männer, zusammen mit der kostbarsten aller Sekretärinnen in die eleganteren und besser beheizten Gemächer in den oberen Stockwerken zurückgezogen, um das Spiel auszuprobieren. »Es funktioniert«, sagte meine Sekretärin, die geborene Problemlöserin, freudestrahlend. »Es ist niemals von einer Frau erfunden worden«, sagte mein Mann, der geborene Mathematiker, versonnen. Meine Tochter, die geborene Kriminalistin, griff sich die Tabellen und die Schrift: »Das sind zwei Leute«, stellte sie fest. »Das sieht man doch sofort an der unterschiedlichen Schreibweise der Buchstaben und Zahlen.« Sie sollten alle Recht behalten …

Zwei Leute also, wahrscheinlich ein Mann und eine Frau, einer mit fantasievoller Ideenwelt im Kopf, der zweite mit mathematisch-logischem Denkvermögen, einer mit zarter Hand, der andere mit schwerer bemühter Klaue. Letztere konnte ich relativ schnell identifizieren. Es war die berühmt-berüchtigte Schrift meines Urgroßvaters, der sich jedoch zu beinahe artifizieller Kalligrafie hatte hinreißen lassen. Also musste die andere Schrift von »Maman«, der, auf vielen Fotografien verewigten, herbschönen Gemahlin stammen. Doch die wenigen von ihr erhalten gebliebenen Briefe zeigten keine Übereinstimmung. Ich war verblüfft und enttäuscht.

Dann fand ich ein Poesie-Album, begonnen im Jahr 1840, eine Sammlung englischer Gedichte, von unterschiedlicher Hand niedergeschrieben. Fast sah es aus, als hätte die ganze Verwandtschaft ein Gemeinschaftswerk verfasst, doch wiederum keinerlei Übereinstimmung mit dem zarten Sütterlin-Händchen. Aber mitten in dem Album steckte, fast hätte ich es übersehen, ein Vielliebchen, klein gefaltet aus Seidenpapier, übersät mit Blümchen. Sie wissen nicht, was ein Vielliebchen ist? Natürlich nicht, denn diese Sitte ist wie vieles andere aus dieser Zeit in Vergessenheit geraten. Ein Vielliebchen war ein Zettelchen, ein Briefchen, das man dem Liebsten oder der Angebeteten heimlich in die Tasche steckte oder unter das Kopfkissen schob und das eine Liebesbotschaft in Gedichtform oder ein Bildchen enthielt. Diese Vielliebchen-Schrift war identisch, und zwar hundertprozentig. Es war nicht unterschrieben, das kleine Gedicht war aber ohne Zweifel meinem Urgroßvater gewidmet. Sollte er vielleicht …? Nein, keinesfalls. Dieser edle disziplinierte Beamte hätte sich nie einen Fehltritt gestattet.

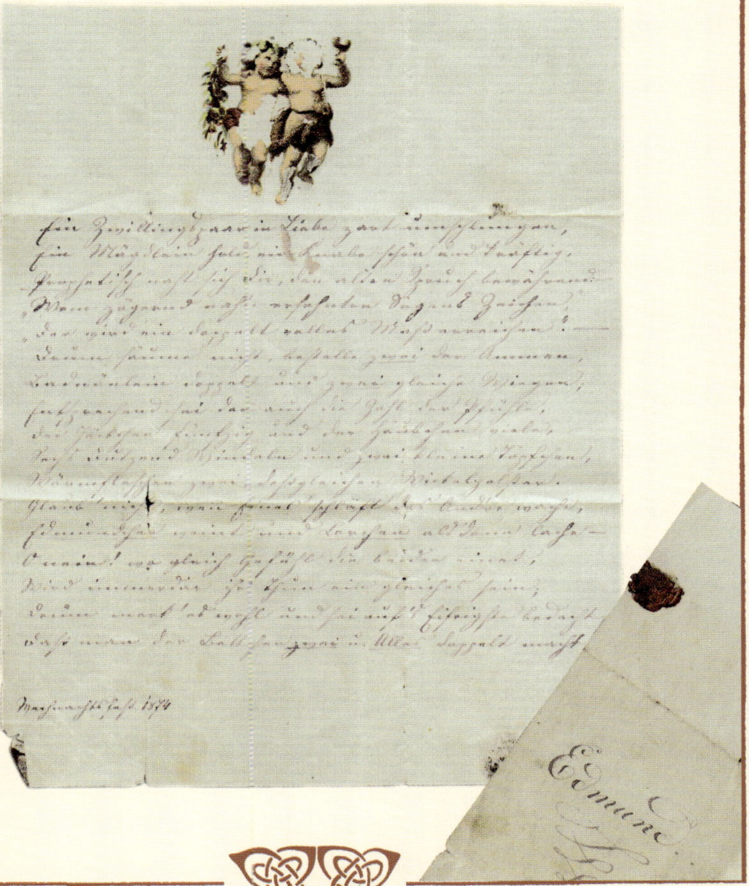

Ein Zwillingspaar in Liebe zart umschlungen,
Ein Mägdlein hold, ein Knabe schön und kräftig,
Herzselig naht sich dir, den alten Brauch bewahrend,
Wenn zögernd auch, erflehten Segens Zeichen;
Das wird ein doppelt volles Maß erreichen! —
Drum säume nicht, bestelle zwei der Ammen,
Wärterinnen doppelt und zwei gleiche Wiegen,
Entsprechend sei dann auch die Zahl der Schuhe,
der Jäckchen fertig und der Häubchen viele,
Auch Lätzchen, Windeln und zwei kleine Töpfchen,
Männchenkappen zwei, desgleichen Wickelpolster.
Glaub' mir, was Freude schafft der Kinder wegen,
Zärtlichkeit weint und lachen all dein Leben-
vereint! wo gleich Gefühl die beiden eint,
Wird immerdar zu Ihm ein gleiches sein;
Drum merk' es wohl und sei aufs Eifrigste bedacht
daß man der Betten zwei u. Alles doppelt macht.

Weihnachtsfest 1874

Emma

Endlich fand ich, unabhängig vom Archiv, eine von ihm verfasste handschriftliche Chronik, und dann verstand ich alles. Dieses zarte Vielliebchen stammte von der ersten jungen Ehefrau meines Urgroßvaters, der Mutter meines Großvaters, die 36-jährig an Lungentuberkulose verstorben war, genauso wie ihre Schwester, die sie kurz vorher noch gepflegt hatte, und ihr zweitgeborenes, wenige Monate alte Söhnchen. All das geschah ein Jahr bevor Robert Koch den Tuberkel-Bazillus entdeckte. Sechs Jahre trauerte mein Urgroßvater um seine geliebte Frau, dann beschloss er, der Kinder wegen, nochmals zu heiraten.

Obwohl die erste Frau verehrt und unvergessen blieb, ist den Unterlagen zweifellos zu entnehmen, dass er mit der zweiten Frau die große Liebe seines Lebens gefunden hatte, ein spätes und unerwartetes Glück, das er und die Kinder genossen.

Das Schächtelchen, abgelegt und vergessen, wartete. Um es genau zu sagen: Es wartete 140 Jahre lang, bis es zufällig (?) in meine Hände geriet. Ich habe die Botschaft wohl verstanden, diesen kleinen Gruß aus dem vorletzten Jahrhundert, diesen Ruf der ver-

wandtschaftlichen Verbundenheit. Es ist etwas Süßes und auch etwas Bitteres, Liebe und Trauer, aber auch etwas unbändig zum Leben Entschlossenes und der Lust am Leben Verbundenes darin enthalten. Neben all dem Spaß, den, wie ich hoffe, das Spiel den Menschen bereiten wird, vermittelt es noch etwas ganz anderes, nämlich die Aufforderung, sich ein wenig um die Vorfahren zu kümmern. Nicht, weil diese es so nötig hätten, nein. Wir sind es, die es nötig haben. Woher ich das weiß? Ganz einfach: Wer sich ein wenig mit Krankheiten und ihrer Entstehung auskennt, der weiß doch, dass Lungenkrankheiten im weitesten Sinne mit Kommunikationsschwierigkeiten zu tun haben. Heute, wo die Lungentuberkulose, dank Robert Koch, gebannt zu sein scheint, spielt sich das Potenzial über Bronchialerkrankungen, Krupp, Asthma und nicht zuletzt sicher auch über die neu aufgetauchte SARS-Infektion ab. Wie sich die Bilder doch gleichen.

Ich weiß nicht genau, wie meine Urgroßmutter diese Kommunikationsschwierigkeiten empfunden hat, aber ich weiß, dass sie versucht hat, sie zu überwinden.

Ist es nicht seltsam, dass drei Generationen später ein Kommunikationsmittel von mir, ihrer Urenkelin, gefunden wird, einer Enkelin, die Sängerin, Dozentin und Schriftstellerin wurde?

Nachtrag

Meine Mundwerkzeuge waren wieder einmal hoffnungslos entzündet und so wanderte ich hilfesuchend zu meiner Zahnärztin, die auch die Kunst der Akupunktur beherrscht. Gewissenhaft, wie es sich gehört, testete sie mich zuerst nach allen Regeln der Kunst aus, und während sie mit geheimnisvollen Maschinen hinter mir so schaltete und waltete, merkte ich plötzlich, wie sie stockte und einen Testvorgang wiederholte. »Was ist?«, fragte ich. »Ach, da ist etwas …«, antwortete sie. »Haben Sie jemals etwas mit der Lunge gehabt?« »Nein«, sagte ich wahrheitsgemäß. »Meine Lunge arbeitet wirklich erstklassig.« »Wissen Sie«, meinte meine Frau Doktor, »hier wird nämlich eine verkapselte Lungentuberkulose angezeigt.« »Das wundert mich nicht«, erwiderte ich, »aber die kann mir nichts mehr tun. Die habe ich nämlich erlöst.« »Wie haben Sie denn das angestellt?«, fragte meine Ärztin erstaunt. »Ganz einfach«, sagte ich, »ich bin auf unseren Speicher gegangen ...«

Spielanleitung (zeitgemäss)

Da ich annehme, dass Sie mit der etwas umständlichen und deswegen manchmal irreführenden Ausdrucksweise des 19. Jahrhunderts dieselben Schwierigkeiten haben wie ich selbst, finden Sie hier eine, wahrscheinlich ebenso umständliche, aber zeitgemäß formulierte Zusammenfassung der originalen Spielanleitung. Sollten Sie mit meinen Ausführungen nicht zurechtkommen, können Sie unbesorgt auf die ursprüngliche Beschreibung (siehe Seite 34) zurückgreifen.

Gleichzeitig möchte ich Sie darauf hinweisen, dass bestimmte Worte in der damals üblichen Schreibweise verwendet werden müssen, da sonst das System nicht funktioniert.

Dazu gehören:

Tat	=	That
Tun	=	Thun
Heiraten	=	Heyrathen
Heirat	=	Heyrath
Sein	=	Seyn
Partie	=	Parthie

Das Wort Glück erscheint manchmal als »Glick«, lassen Sie sich dadurch nicht stören.

1.) Legen Sie kariertes Papier und Stift bereit.

2.) Stellen Sie eine Frage, die in die Zukunft gerichtet und in der Ich-Form gehalten ist, und schreiben Sie diese auf das Papier. Empfehlenswert ist es, für jeden einzelnen Buchstaben ein Kästchen zu benützen.

3.) Zählen Sie nun die **Anzahl der Worte.**

4.) Schreiben Sie sich diese Zahl auf ein gesondertes Blatt Papier.

5.) Zählen Sie nun die **Anzahl der Buchstaben jedes einzelnen Wortes** der vorher gestellten Frage und notieren Sie sich diese im Anschluss an die zuvor erhaltene Ziffer.

Beispiel: Werde ich schon in diesem Jahr heyrathen?

Wir haben es hier mit einem Satz, bestehend aus 7 Worten zu tun. Also ist die erste Zahl, die aufgeschrieben wird, eine 7.

Die einzelnen Worte stellen sich folgendermaßen dar:

Werde	=	5 Buchstaben
ich	=	3 Buchstaben
schon	=	5 Buchstaben
in	=	2 Buchstaben
diesem	=	6 Buchstaben
Jahr	=	4 Buchstaben
heyrathen	=	9 Buchstaben

Es ergibt sich also insgesamt folgende Zahlenreihe:

5, 3, 5, 2, 6, 4 und 9.

6.) Schreiben Sie nun diese Zahlen im Anschluss an die vorher notierte 7 in eine Reihe: **7 5 3 5 2 6 4 9.**

7.) Zählen Sie nun diese Zahlen zusammen und bilden Sie dadurch eine so genannte Quersumme, die durch Zusammenzählen so lange reduziert wird, bis nur noch eine Einzelzahl übrig bleibt:

7 + 5 + 3 + 5 + 2 + 6 + 4 + 9 = 41 / 4 + 1 = 5.

Diese letzte Ziffer (Quersumme) ist gesondert zu notieren.

8.) Nun wird aus der Zahlenreihe eine Pyramide gebildet, indem man jede Zahl mit der nachfolgenden addiert.

Beispiel:

7 + 5 = 12 / 1 + 2 = 3

5 + 3 = 8

3 + 5 = 8

5 + 2 = 7

2 + 6 = 8

6 + 4 = 10 / 1 + 0 = 1

4 + 9 = 13 / 1 + 3 = 4

Pyramiden-Berechnung

```
7   5   3   5   2   6   4   9
 \ / \ / \ / \ / \ / \ / \ /
  3   8   8   7   8   1   4
   \ / \ / \ / \ / \ / \ /
    2   7   6   6   9   5
     \ / \ / \ / \ / \ /
      9   4   3   6   5
       \ / \ / \ / \ /
        4   7   9   2
         \ / \ / \ /
          2   7   2
           \ / \ /
            9   9
             \ /
              9
```

Der oben gezeigte Additionsvorgang wiederholt sich, wie Sie sehen, so lange, bis am Ende der Pyramide eine einzige Zahl übrig bleibt.

9.) Zur Beantwortung aller Fragen werden immer zwei Tabellen benötigt: die Tabelle »A«, welche jedes Mal zum Einsatz kommt, während die zweite Tabelle sich jedoch nach der Zahl richtet, welche sich an der Spitze der Pyramide ergeben hat

(Pyramidenzahl). In unserem Beispiel ist diese Zahl eine 9, also kommt die Tabelle Nr. IX zum Einsatz.

10.) Zunächst nehmen Sie nun die Tabelle »A«, die folgendermaßen zu verwenden ist:

Beginnen Sie mit der Zahl, die auf die Pyramidenzahl folgt, und zählen Sie weiter bis 10. Notieren Sie nun die Ziffer, die in dem entsprechenden Kästchen zu finden ist. In unserem Beispiel ist die Zahl, welche auf unsere Pyramidenzahl 9 folgt, zufällig die 10, also ist hier die Ziffer des ersten Kästchens bereits zu notieren, da jede zehnte Zahl notiert werden muss. Wäre die Pyramidenzahl zum Beispiel eine 2 gewesen, dann hätten Sie ab dem ersten Kästchen mit 3 zu zählen beginnen müssen, worauf Sie, bis 10 zählend, auf dem Kästchen mit der Ziffer 8 gelandet wären.

In unserem Beispiel jedoch ist also die erste Zahl, die Sie notieren, eine 4. Zählen Sie 10 Kästchen weiter, stoßen Sie auf die 9, weitere 10 Kästchen später ergibt sich eine 5, sodann eine 15, eine 11, eine 1, eine 13, eine 5, eine 19, eine 5 und wiederum eine 13. Wenn Sie weiterzählen, geraten Sie im weiteren 10. Feld auf eine 0, die das Ende der Befragung dieser Tabelle »A« signalisiert.

Es kann durchaus auch vorkommen, dass Sie bis zum Ende der Tabelle nicht durch eine 0 aufgehalten werden. In diesem Fall ist das letzte 10. Kästchen die letzte Zahl, die notiert worden ist.

Wir haben jetzt folgende Zahlenreihe:

4, 9, 5, 15, 11, 1, 13, 5, 19, 5, 13;

11.) Nehmen Sie nun die der Pyramidenzahl entsprechende Tabelle, in unserem Beispiel die Nr. IX. Nun wiederholt sich derselbe Vorgang, jedoch unter Verwendung der vorher beschriebenen Quersumme, die in unserem Fall die Zahl 5 ist. Sie beginnen also auf der Tabelle IX mit der 6 bis 10 zu zählen und erreichen als erste Ziffer eine 6, die Sie sofort im Anschluss an die obere Zahlenreihe (siehe Punkt 10) notieren. Zählen Sie nun, wie bereits bei Tabelle »A«, jedes 10. darauffolgende Kästchen aus, ergibt sich folgende Zahlenreihe:

6, 17, 1, 7, 5, 18, 9, 5. 22, 5, 17, 4, 5 usw., bis Sie entweder durch eine 0 oder das Ende der Tabelle gestoppt werden.

12.) Nun benötigen Sie die Karte mit dem Alphabet, wobei Sie jede der vorher notierten Zahlen durch einen Buchstaben ersetzen. In unserem Fall hätte sich folgende Reihe ergeben:

4, 9, 5, 15, 11, 1, 13, 5, 19, 5, 13, 6, 17, 1, 7, 5, 18, 9, 5, 22, 5, 17, 4, 5, 13, 4, 9, 17, 7, 20, 19, 5, 18, 1, 13, 19, 22, 14, 17, 19, 5, 13;

Den Zahlen gemäß ergeben sich folgende Buchstabenentsprechungen:

D, I, E, P, L, A, N, E, T, E, N, F, R, A,G, E, S, I, E, W, E, R, D, E, N, D, I, R, G, U, T, E, S, A, N, T, W, O, R, T, E, N;

Die Antwort ist also:

»Die Planeten frage! Sie werden dir Gutes antworten!«

In die heutige Sprache übersetzt, würde das heißen:

Schau in dein Horoskop. Du wirst dort eine günstige Konstellation finden.

Das heißt: Eine Heirat ist in diesem Jahr möglich.

Der wahre Prophet

Die vielen Gesellschaftlichen Spiele, wel-
che von Zeit zu Zeit bekannt geworden sind
bilden alle nur eine einzige Gattung und ähn-
len mehr oder weniger ihrem Urbilde,
dem allgemein bekannten Post und Reise
Spiel. —

Der wahre Prophet hingegen steht ganz
allein für sich da, und hat durchaus keine
Gemeinschaft weder mit dem erwähnten
Spiele noch mit andern schon bestehenden
Frag und Antwort Spielen, denn bei
letzterem ist man gezwungen, aus einer
Anzahl bereits vorhandener Fragen,
eine zu wählen worauf man alsdann
ebenfalls aus einer Karte vorhandenen
Antworten eine ziemlich passende Antwort

Spielanleitung (Original)

Der wahre Prophet

Die vielen gesellschaftlichen Spiele, welche von Zeit zu Zeit bekannt geworden sind, bilden alle nur eine einzige Gattung und gleichen mehr oder weniger ihrem Vorbilde, dem allgemein bekannten Post und Reise Spiel.

Der wahre Prophet hingegen steht ganz allein für sich da, und hat durchaus keine Gemeinschaft weder mit dem erwähnten Spiele noch mit anderen schon bestehenden Frag und Antwort Spielen. Denn bei letzterem ist man gezwungen, aus einer Anzahl bereits vorhandener Fragen, eine zu wählen worauf man alsdann ebenfalls aus einer Parthie vorhandenen Antworten eine zieht, welche Antwort

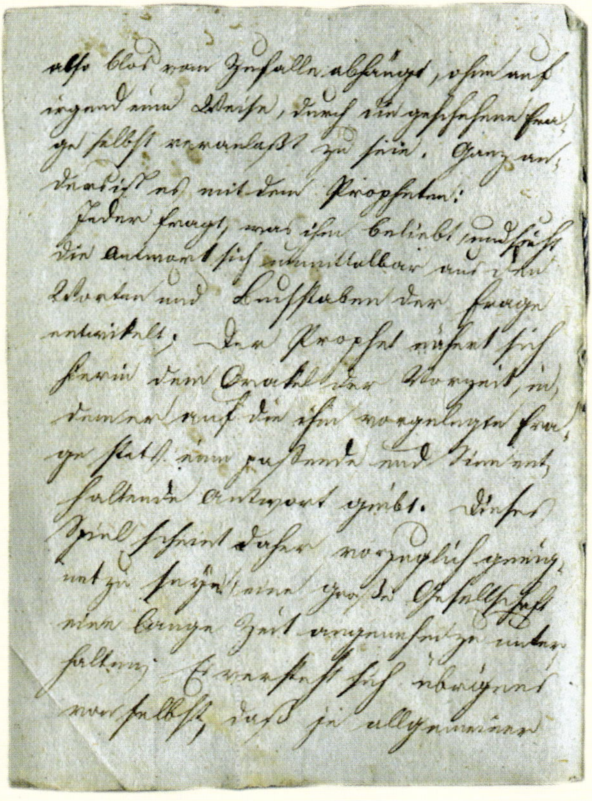
also blos vom Zufalle abhängt, ohne auch
irgend eine Weise, durch die geschehene Fra-
ge selbst veranlaßt zu sein. Ganz an-
ders ist es mit dem Propheten:
Jeder fragt, was ihm beliebt, und doch
die Antwort sich unmittelbar auf den
Worten und Buchstaben der Frage
entwickelt; der Prophet äußert sich
hierin dem Orakel der Vorzeit, in-
dem er auf die ihm vorgelegten Fra-
gen stets eine passende und Sinn ent-
haltende Antwort giebt. Dieses
Spiel scheint daher vorzüglich geeig-
net zu seyn, eine große Gesellschaft
eine lange Zeit vergnügend zu unter-
halten; es versteht sich übrigens
von selbst, daß die allgemeinen

also blos vom Zufalle abhängt, ohne auf irgend eine Weise, durch die geschehene Frage selbst veranlaßt zu sein. Ganz anders ist es mit dem Propheten:

Jeder fragt, was ihm beliebt, und sieht die Antwort sich unmittelbar aus den Worten und Buchstaben der Frage entwickelt. Der Prophet nähert sich hierin dem Orakel der Vorzeit, in dem er auf die ihm vorgelegte Frage stets eine paßende und Sinn enthaltende Antwort gibt. Dieses Spiel scheint daher vorzüglich geeignet zu seyn, eine große Gesellschaft eine lange Zeit angenehm zu unterhalten. Es versteht sich übrigens von selbst, daß je allgemeiner

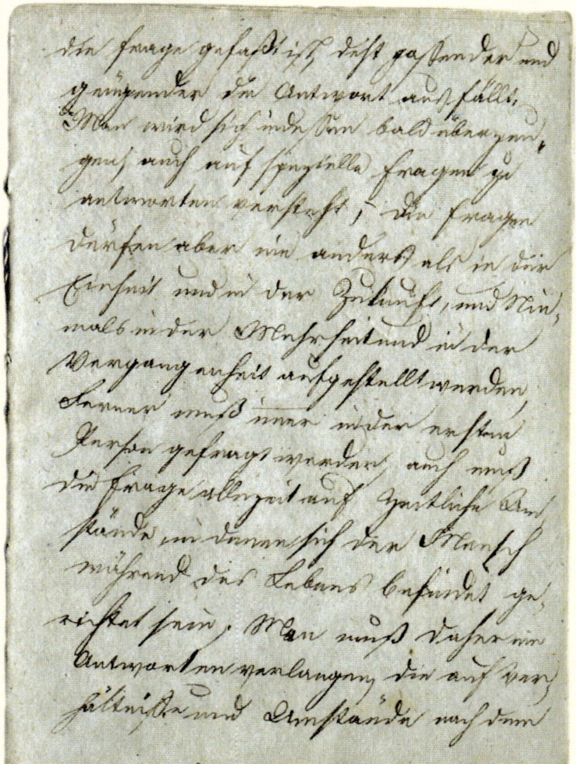
die Frage gefaßt ist, daß gescheider und
gewandter die Antwort ausfällt.
Man wird sich indessen bald überzeugen,
daß auch auf sogestellte Fragen zu
antworten verstehet; die Fragen
dürfen aber nie anders als in der
Einheit und in der Zukunft, und kei-
mals in der Wahrheit und in der
Vergangenheit aufgestellt werden.
Ferner muß immer in der ersten
Person gefragt werden, auch muß
die Frage allezeit auf zeitliche Um-
stände in denen sich der Mensch
während des Lebens befindet ge-
richtet sein. Man muß daher nie
Antworten verlangen die auf Ver-
hältnisse und Umstände nach dem

die Frage gefaßt ist, dest(o) paßender und genügender die Antwort ausfällt. Man wird sich indeßen bald überzeugen, ...* auch auf spezielle Fragen zu antworten versteht. Die Fragen dürfen aber nie anders als in der Einheit und in der Zukunft, und niemals in der Mehrheit und in der Vergangenheit aufgestellt werden, ferner muß immer in der ersten Person gefragt werden, auch muß die Frage allezeit auf zeitliche Umstände, in denen sich der Mensch während des Lebens befindet gerichtet sein. Man muß daher ein Antworten verlangen, die auf Verhältniße und Umstände nach dem

* im Original steht an dieser Stelle ein unleserliches Wort

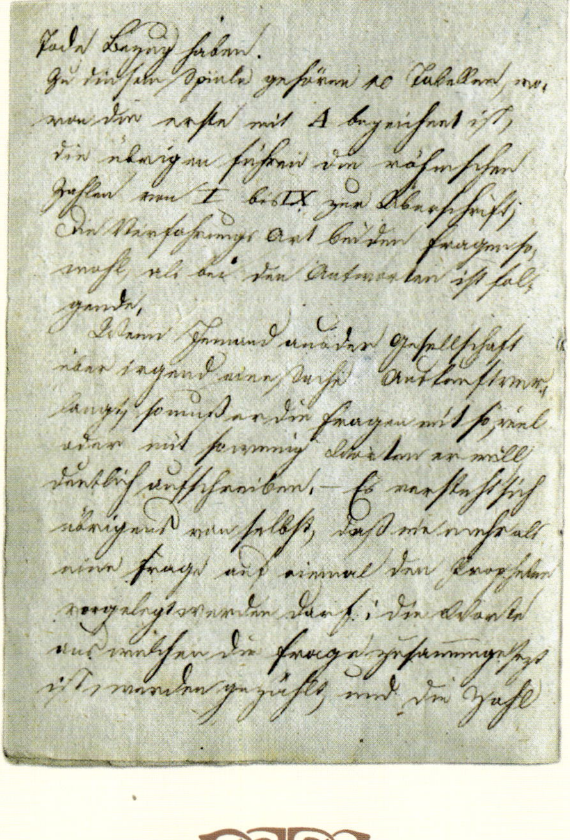

[illegible] Bezug haben.
Zu diesen Spiele gehören 10 Tabellen, wo-
von die erste mit A bezeichnet ist,
die übrigen führen die römischen
Zahlen von I bis IX zur Überschrift;
die Verfahrungs Art bei den Fragen so-
wohl, als bei den Antworten ist fol-
gende,
Wenn Jemand aus der Gesellschaft
über irgend eine Sache Auskunft ver-
langt, so muß er die Fragen mit so viel
oder mit so wenig Wörter er will
deutlich aufschreiben. — Es versteht sich
übrigens von selbst, daß nur einmal
eine Frage auf einmal dem Orakel
vorgelegt werden darf; die Worte
aus welchen die Frage zusammengesetzt
ist, werden gezählt, und die Zahl

Tode Bezug haben.

Zu diesem Spiele gehören 10 Tabellen, wovon die erste mit A bezeichnet ist, die übrigen führen die römschen Zahlen von I bis IX zur Überschrift. Die Verfahrens Art bei den Fragen sowohl, als bei den Antworten ist folgende,

Wenn Jemand aus der Gesellschaft über irgend eine Sache Auskunft verlangt, so muß er die Fragen mit so viel oder mit so wenig Worten er will, deutlich aufschreiben. – Es versteht sich übrigens von selbst, daß nie mehr als eine Frage auf einmal den Propheten vorgelegt werden darf. Die Worte aus welchen die Frage zusammengesetzt ist, werden gezählt, und die Zahl

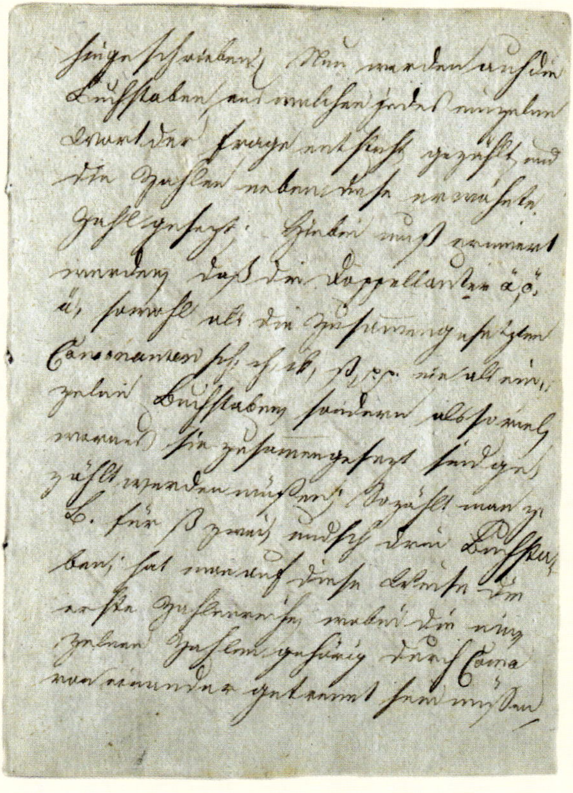

hingeschrieben. Nun werden auch die Buchstaben, aus welchen jedes einzelne Wort der Sprache entsteht, gezählt, und die Zahlen neben diese nach ihrer Zahl gesetzt. Hiebei muß bemerkt werden, daß die Doppellauten ä, ö, ü, sowohl als die zusammengesetzten Consonanten sch, ch, ck, ß, tz nicht als einzelne Buchstaben, sondern als so viele, woraus sie zusammengesetzt sind, gezählt werden müssen. So zählt man z. B. für ß zwei, und sch drei Buchstaben. Hat man auf diese Weise die erste Zahlenreihe neben die einzelnen Zahlen gesetzt, durch Comma voneinander getrennt, so muß man hingeschrieben. Nun werden auch die Buchstaben, aus welcher jedes einzelne Wort der Frage entsteht gezählt und die Zahlen neben diese erwähnte Zahl gesetzt. Hiebei muß erinnert werden, daß die Doppellauter ä, ö, ü, sowohl als die zusammengesetzten Consonanten sch, ch, ck, sz (=ß), usw. nie als einzelne Buchstaben sondern als soviel, woraus sie zusammengesetzt sind gezählt werden müßen; So zählt man z. B. für ß (=ss, sz) zwei, und sch drei Buchstaben; hat man auf diese Weise die erste Zahlenreihe, wobei die einzelnen Zahlen gehörig durch Coma von einander getrennt sein müßen,

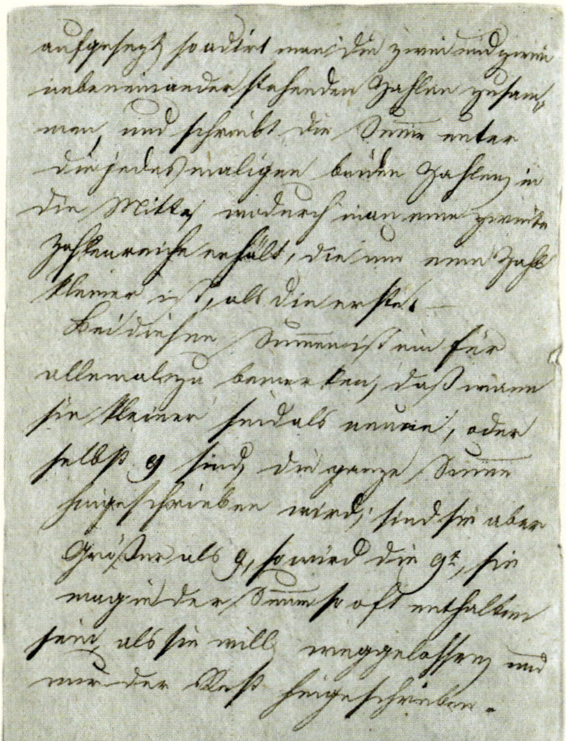
aufgesetzt, so addirt man die zwei und zwei
untereinander stehenden Zahlen zusam-
men, und schreibt die Summe unter
die jedesmaligen beiden Zahlen in
die Mitte; wodurch man eine zweite
Zahlenreihe erhält, die um eine Zahl
kleiner ist, als die erste.
Bei dieser Summe ist nun für
allemal zu bemerken, daß wenn
sie kleiner als neun, oder
selbst 9 sind, die ganze Summe
hingeschrieben wird; sind sie aber
größer als 9, so wird die 9., die
man in der Summe so oft enthalten
sein, als sie will, weggelassen und
nur der Rest hingeschrieben.

aufgesetzt, so adirt (=addiert) man die zwei und zwei nebeneinander stehenden Zahlen zusammen, und schreibt die Summe unter die jedesmaligen beiden Zahlen in die Mitte, wodurch man eine zweite Zahlenreihe erhält, die um eine Zahl kleiner ist als die erste. –
Bei diesen Summen ist ein für allemal zu bemerken, daß wenn sie kleiner sind als neun, oder selbst 9 sind, die ganze Summe hingeschrieben wird; sind die aber größer als 9, so wird die 9t(e), sie mag in der Summe so oft enthalten sein, als sie will, weggelassen und nur der Rest hingeschrieben.

besteht die Summe gerade aus 2, 3,
oder 4 mal 9 Einsern, so schreibt man 9.
Wenn nun die zweite Zahl und der
ersten entstanden ist, dann so wird
die 3te aus der 2ten gebildet.
Fährt man auf diese Weise fort, so erhält
man nach und nach Zahlenreihen, welche
immer um eine Zahl kleiner wird, als
die nächst vorhergehende, und man ge-
langt endlich auf eine Reihe, die nur
aus einer einzigen Zahl besteht.
Sämtliche Zahlen bilden alsdann ein
vollständiges Dreieck. Bei jeder
Frage muss man ihren Worten und
Buchstaben ein solches Dreieck hin-
stellen machen; zur Beantwortung
jeder einer Frage würden alle,

Besteht die Summe gerade aus 2, 3 oder 4 mal 9 usw., so schreibt man 9. So wie nun die zweite Zeile aus der ersten entstanden ist, eben so wird die 3. aus der 2ten gebildet. –

Fährt man auf diese Weise fort, so erhält man nach und nach Zahlenreihen, welche immer um eine Zahl kleiner wird als die nächst vorhergehende, und man gelangt endlich auf eine Reihe, die nur aus einer einzelnen Zahl besteht. Sämtliche Zahlen bilden alsdann ein vollständiges Dreieck. Bei jeder Frage muß aus ihren Worten und Buchstaben ein solches Dreieck formiert werden; Zur Beantwortung einer Frage werden alle

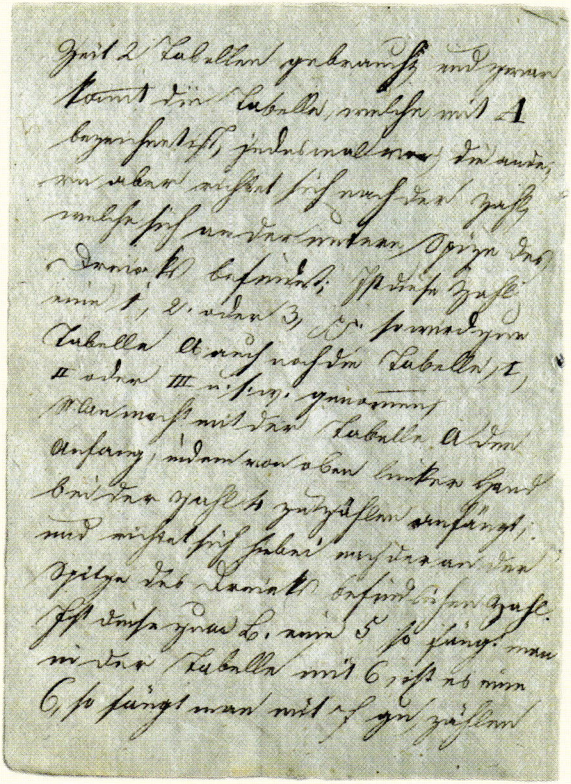

zeit 2 Tabellen gebraucht und zwar
kommt die Tabelle, welche mit A
bezeichnet ist, jedesmal voran, die ande-
re aber richtet sich nach der Zahl
welche sich an der untern Spitze des
Dreiecks befindet; ist diese Zahl
eine 1, 2, oder 3, so wird zur
Tabelle A auch noch die Tabelle I,
II oder III u.s.w. genommen
Man macht mit der Tabelle A den
Anfang, indem man oben linker Hand
bei der Zahl 1 zu zählen anfängt,
und richtet sich hiebei nach der an der
Spitze des Dreiecks befindlichen Zahl.
Ist diese zum B. eine 5 so fängt man
in der Tabelle mit 6 ist es eine
6, so fängt man mit 7 zu zählen

Zeit 2 Tabellen gebraucht, und zwar kommt die Tabelle, welche mit A bezeichnet ist, jedesmal vor, die andere aber richtet sich nach der Zahl, welche sich an der unteren Spitze des Dreiecks befindet: Ist diese Zahl eine 1,2 oder 3, usw. so wird zur Tabelle A auch noch die Tabelle I, II oder III usw. genommen.

Man macht mit der Tabelle A den Anfang, indem von oben linker Hand bei der Zahl 4 zu zählen anfängt, und richtet sich hiebei nach der an der Spitze des Dreiecks befindlichen Zahl. Ist diese zum B. eine 5, so fängt man in der Tabelle mit 6, ist es eine 6, so fängt man mit 7 zu zählen ein u. s. w.

Man zählt bis auf 10, und schreibt die Zahl, welche sich im zehnten Quadrat befindet, auf ein besonderes Papier.

Man zählt nun weiter und zwar von neuem bis auf 10, schreibt die zehnte Zahl unter der ersten, und trennt beide Zahlen durch ein Coma. Die Zählung geht so lange durch die ganze Tabelle von oben herunter und indem man immer bei jeder Zeile wieder beim ersten Worte anfängt, fort, bis die zehnte Zählung vollendet ist, oder bis man die Zahl der Tabelle ganz durchgenommen hat.

Auf diese Art erhält man durch die Tabelle A eine Zahlen Reihe, welche jeweils durch Coma getrennt seyn müssen.

Nun nimmt man die andere Tabelle

an usw.

Man zählt bis auf 10, und schreibt die Zahl, welche sich im zehnten Quartrat befindet, auf ein besonderes Papier. Man zählt nun weiter und zwar von 1 an bis auf 10, schreibt die zehnte Zahl neben der ersten, und trennt beide Zahlen durch ein Coma, die Zählung geht so lange durch die ganze Tabelle von oben herunter und indem man immer bei jeder Zeile, von der linken Seite anfängt, fort, bis die zehnte Zahl eine Null ist, oder bis man die Zahl der Tabelle ganz durchgenommen hat. Auf diese Art erhält man durch die Tabelle A eine Zahlenreihe, welche gehörig durch Coma getrennt sein müßen. Nun nimmt man die andere Tabelle

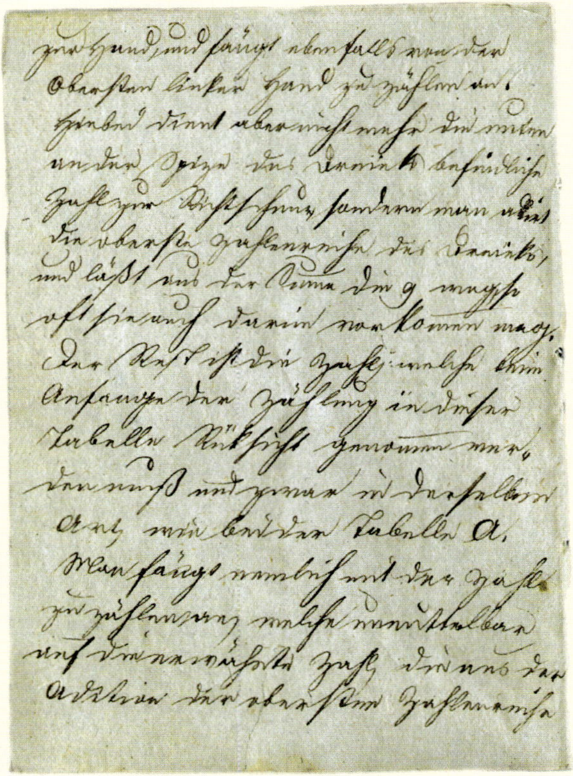
zur Hand, und fängt ebenfalls von der
Obersten linken Hand zu zählen an.
Hiebei dient aber nicht mehr die unten
an der Spize des Dreiecks befindliche
Zahl zur Richtschnur, sondern man nimt
die oberste Zahlenreihe des Dreiecks,
und läßt aus der Summe die 9 weg, so
oft sie auch darin vorkommen mag.
Der Rest ist die Zahl, welche beim
Anfange der Zählung in dieser
Tabelle Richtschnur genommen wird,
darnach und zwar in derselben
Art, wie bei der Tabelle A.
Man fängt nemlich mit der Zahl
zu zählen an, welche unmittelbar
auf die vorerwähnte Zahl, die aus der
Addition der obersten Zahlenreihe

zur Hand, und fängt ebenfalls von der obersten linker Hand zu zählen an. Hiebei dient aber nicht mehr die unten an der Spitze des Dreiecks befindliche Zahl zur Richtschnur, sondern man adirt die oberste Zahlenreihe des Dreiecks, und läßt aus der Summe die 9 weg, so oft sie auch darin vorkommen mag. Der Rest ist die Zahl, welche beim Anfange der Zählung in dieser Tabelle Rücksicht genommen werden muß und zwar in derselben Art, wie bei der Tabelle A. Man fängt nämlich mit der Zahl zu zählen an, welche unmittelbar auf die erwähnte Zahl, die aus der Adition der obersten Zahlenreihe entstehet folgt. Auch hier zählt man bis auf 10, fängt aber dann wieder mit einem so lang bis auf 10, bis man endlich auf eine 0 kömt, oder bis die ganze Tabelle durchgegangen ist. Die hiedurch erlangten Zahlen, schreibt man neben die vorhergehenden. Diese Zahlen bilden nun die verlangte Antwort indem jede von ihnen einen einfachen Buchstaben vorstellt. Der Schlüssel hiezu ist sehr einfach. Man schreibt ein vollständiges A B C auf und setzt unter jeden Buchstaben die Zahl, welche anzeigt den wievielsten hier im A B C ist. nämlich wie folgt

a	b	c	d	e	f	g	h	i	k	l	m	n	o	p
1	2	3	4	5	6	7	8	9	10	11	12	13	14	15

entsteht, folgt. Auch hier zählt man bis auf 10; fängt alsdann von eins an und immer so lang bis auf 10, bis man endlich auf eine 0 kommt, oder bis die ganze Tabelle durchgegangen ist. Die hiedurch erlangten Zahlen, schreibt man neben die vorhergehenden. Diese Zahlen bilden nun die verlangte Antwort, indem jede von ihnen einen einfachen Buchstaben vorstellt. Der Schlüßel hiezu ist sehr einfach. Man schreibt ein vollständiges ABC auf und setzt unter jeden Buchstaben die Zahl, welche anzeigt die wievielte sie im ABC ist, nämlich wie folget

a,	b,	c,	d,	e,	f,	g,	h,	i,	k,	l,	m,	n,	o,	p,
1,	2,	3,	4,	5,	6,	7,	8,	9,	10,	11,	12,	13,	14,	15,

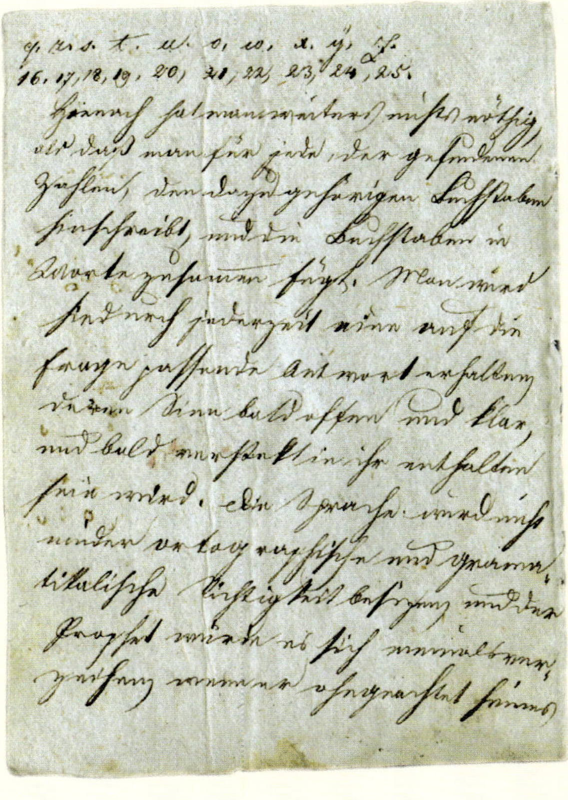

q. r. s. t. u. v. w. x. y. z.
16, 17, 18, 19, 20, 21, 22, 23, 24, 25.

Hienach hat man weiters nichts nöthig als daß man für jede der gefundenen Zahlen, den dazu gehörigen Buchstaben hinschreibt, und die Buchstaben in Worte zusammen fügt. Man wird sodann jederzeit eine auf die Frage passende Antwort erhalten, deren Sinn bald offen und klar, und bald versteckt in ihr enthalten sein wird. Die Sprache wird auch weder ortographische und grammatikalische Richtigkeit betreffend und der Kraft wenn es sich unmittelbar [illegible] immer ausgezeichnet seine

q, r, s, t, u, v, w, x, y, z.
16, 17, 18, 19, 20, 21, 22, 23, 24, 25.

Hernach hat man weiters nichts nöthig, als daß man für jede, der gefundenen Zahlen, den dazu gehörigen Buchstaben hinschreibt, und die Buchstaben in Worte zusammen fügt. Man wird hiedurch jederzeit eine auf die Frage passende Antwort erhalten, deren Sinn bald offen und klar und bald versteckt in ihr enthalten sein wird. Die Sprache wird nicht minder ortographische und gramatikalische Richtigkeit besitzen und der Prophet würde es sich niemals verzeihen, wenn er ohngeachtet seines

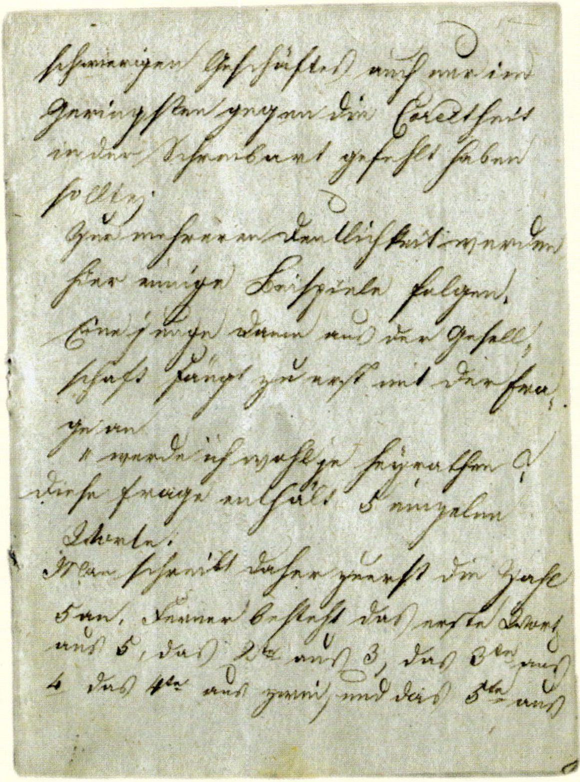
schwierigen Geschäftes auch nur im
geringsten gegen die Wahrheit
in der Schreibart gefehlt haben
sollte;
Zur mehreren Deutlichkeit werden
hier einige Beispiele folgen.
Man fragte einen aus der Gesell-
schaft sogleich zu erst mit der Fra-
gen:
Werde ich wohl zu heirathen ?
diese Frage enthält 5 einzelne
Worte.
Man schreibt daher zuerst die Ziffe
5 an, hierauf besteht das erste Wort
aus 5, das 2te aus 3, das 3te aus
4 das 4te aus zwei, und das 5te aus

schwierigen Geschäftes auch nur im Geringsten gegen die Corectheit in der Schreibart gefehlt haben sollte.

Zur mehreren Deutlichkeit werden hier einige Beispiele folgen. Eine junge Dame aus der Gesellschaft fängt zuerst mit der Frage an.

»Werde ich wohl je heyrathen?« Diese Frage enthält 5 einzelne Worte.

Man schreibt daher zuerst die Zahl 5 an. Ferner besteht das erste Wort aus 5, das 2te aus 3, das 3te aus 4, das 4te aus zwei, und das 5te aus

9 Buchstaben; die erste Zahlenreihe ist
demnach 5, 5, 4, 3, 2, 9; addirt man
nun 5 und 5, so erhält man 10, hie-
von 9 weggelassen, giebt 1, ferner
5 und 3 ist 8, 3 und 4 ist 7, 4 und
2 ist 6, 2, und 9 ist 11 hievon 9 weg-
gelassen bleibt 2; die zweite Zah-
lenreihe ist daher, 1. 8, 7, 6. 2.
fährt man nun auf die oben ange-
geschriebenen Art fort, so erhält
man folgendes Dreieck.

5, 5, 3, 4, 2, 9. [7.]
1, 8, 7, 6, 2,
9, 6, 4, 8
6, 1, 3,
7, 4,
2,

da nun die Größe die andern

9 Buchstaben. Die erste Zahlenreihe ist demnach 5, 5, 4, 3, 2, 9; adirt man nun 5 und 5, so erhält man 10, hievon 9 weggelaßen giebt 1; ferner 5 und 3 ist 8, 3 und 4 ist 7, 4 und 2 ist 6, 2 und 9 ist 11, hievon 9 weggelaßen bleibt 2; die zweite Zahlenreihe ist daher 1, 8, 7, 6, 2. fährt man nun auf die oben vorgeschriebene Art fort, so erhält man folgendes Dreieck,

5, 5, 3, 4, 2, 9 (1)
1, 8, 7, 6, 2,
9, 6, 4, 8,
6, 1, 3,
7, 4,
(:2:)

Da nun die Zahl die an der

untersten Spitze des Dreiecks steht
eine 2 ist, so wird zur Tabelle
A, nach der Tabelle gerechnet wel-
che mit A bezeichnet ist; nun wird man
zuerst die Tabelle A., und fängt,
die 2 an der Spitze des Dreiecks
steht, von drei zu zählen an,
die zweite Zahl ist eine 8.
Fährt man hierauf fort, von eins
an bis auf 10 zu zählen, so ist die
zehnte Zahl eine 14 und so erhält
man auch die Zahlen, 6, 6 und 5.
Nunmehr aber trifft man auf eine
Null, welche anzeigt, daß man
mit der Zählung aufhören muß,

untersten Spitze des Dreiecks steht, eine 2 ist, so wird zur Tabelle A, noch die Tabelle genommen, welche mit II bezeichnet ist; nun nimmt man zuerst die Tabelle A, und fängt, da 2 an der Spitze des Dreiecks steht, von drei zu zählen an. Die zweite Zahl ist eine 8.

Fährt man hierauf fort, von eins an bis auf 10 zu zählen, so ist die zehnte Zahl ein 14, und so erhält man auch die Zahlen, 6, 6, und 5. Nunmehr aber trifft man auf eine Null, welche anzeigt, daß man mit der Zählung aufhören muß.

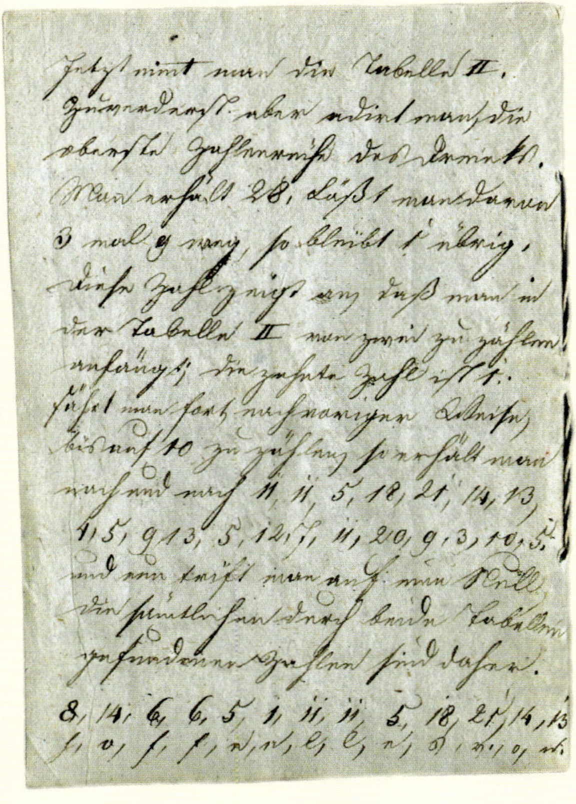

Jetzt nimt man die Tabelle II.
Zuvorderst aber addirt man die
oberste Zahlenreihe des Drittels.
Man erhält 28, läßt man davon
3 mal 9 weg, so bleibt 1 übrig,
diese Zahl zeigt an daß man in
der Tabelle II von zwei zu zählen
anfängt; die zweite Zahl ist 1.
fährt man fort, nach voriger Weise,
bis auf 10 zu zählen, so erhält man
nacheinander 11, 11, 5, 18, 21, 14, 13,
11 5, 9 13, 5, 12, 7, 11, 20, 9, 3, 10, 5.
und nun trifft man auf eine Stelle
die sämtlichen durch beide Tabellen
gefundenen Zahlen sind daher:

8, 14, 6, 6, 5, 1, 11, 11, 5, 18, 21, 14, 13
h, o, f, f, e, a, l, l, e, s, v, o, n.

Jetzt nimmt man die Tabelle II. Zuvorderst aber adiert man die oberste Zahlenreihe des Dreiecks. Man erhält 28. Läßt man davon 3 mal 9 weg, so bleibt 1 übrig. Diese Zahl zeigt an, daß man in der Tabelle II von zwei zu zählen anfängt; die zehnte Zahl ist 1. Fährt man fort nach voriger Weise, bis auf 10 zu zählen, so erhält man nach und nach 11, 11, 5, 18, 21, 14, 13, 4, 5, 9, 13, 5, 12, 7, 11, 20, 9, 3, 10, 5, und nun trifft man auf eine Null. Die sämtlichen durch beide Tabellen gefundenen Zahlen sind daher

8,	14,	6,	6,	5,	1,	11,	11,	5,	18,	21,	14,	13,
h,	o,	f,	f,	e,	a,	l,	l,	e,	s,	v,	o,	n,

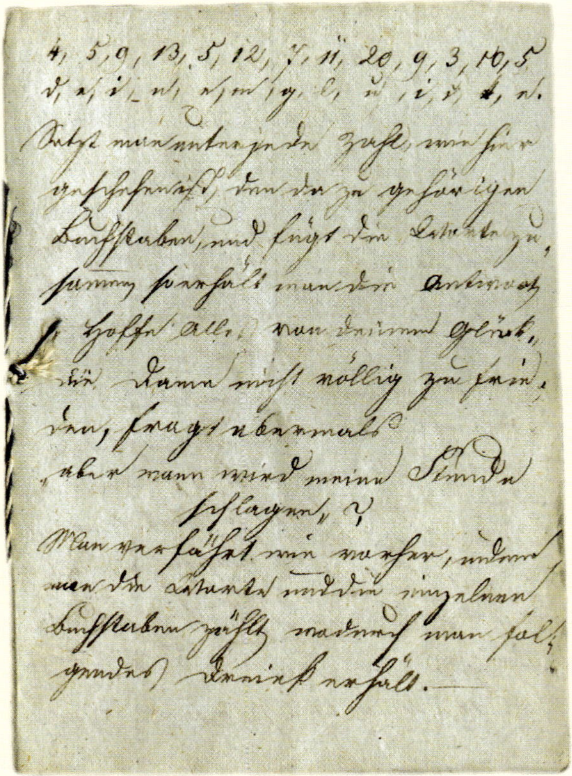

4, 5, 9, 13, 5, 12, 7, 11, 20, 9, 3, 10, 5
d, e, i, n, e, [illegible], g, l, ü, [illegible], [illegible], e, n.

Setzt man unter jede Zahl, wie hier geschehen ist, den dazu gehörigen Buchstaben, und fügt die Letztern zusammen, so erhält man die Antwort:

Hoffet Alles von deinem Glück.

Ist die Dame nicht völlig zufrieden, fragt abermals:

Aber wann wird meine Stunde schlagen?

Man verfährt nun wie vorher, indem man die Letztern und die einzelnen Buchstaben zählt, wodurch man folgende Antwort erhält. —

4, 5, 9, 13, 5, 12, 7, 11, 20, 9, 3, 10, 5,

d, e, i, n, e, m, g, l, u, i, c, k, e.

Setzt man unter jede Zahl wie hier geschehen ist, den dazu gehörigen Buchstaben, und fügt die Worte zusammen, so erhält man die Antwort »Hoffe alles von deinem Glück.« Die Dame nicht völlig zufrieden, fragt abermals »aber wann wird meine Stunde schlagen«?

Man verfährt wie vorher, indem man die Worte und die einzelnen Buchstaben zählt, wodurch man folgendes Dreieck erhält. –

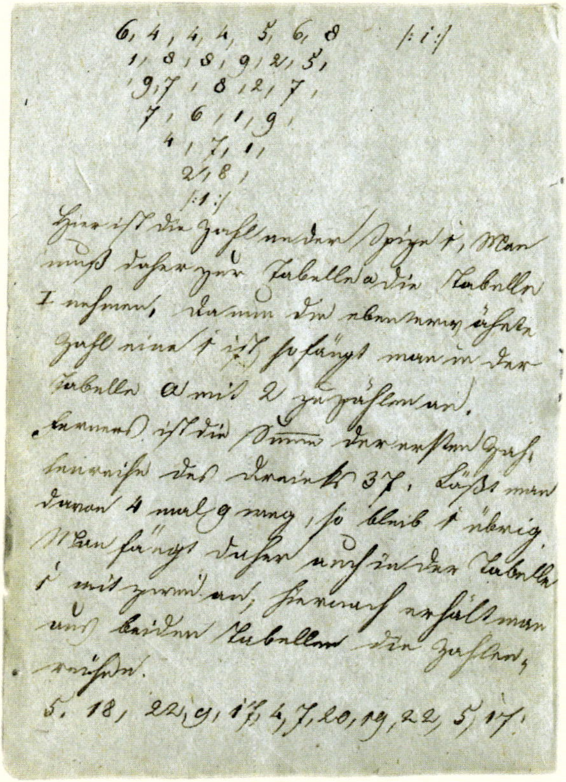

6, 4, 4, 4, 5, 6, 8 |:i:|
1, 8, 8, 9, 2, 5,
9, 7, 8, 2, 7,
7, 6, 1, 9,
4, 7, 1,
2, 8,
|:i:|

Hier ist die Zahl an der Spitze 1, Man
muss daher zur Tabelle a die Tabelle
1 nehmen, da nun die nächstnachfolgende
Zahl eine 1 ist, so fängt man in der
Tabelle a mit 2 zu zählen an.
Danach ist die Summe der ersten Zahl-
reihe des Dreiecks 37. Lässt man
davon 4 mal 9 weg, so bleibt 1 übrig.
Man fängt daher auch in der Tabelle
1 mit zwei an, hieraus erhält man
aus beiden Tabellen die Zahlen-
reihe.

5. 18, 22, 9, 17, 4, 7, 20, 19, 22, 5, 17.

6, 4, 4, 4, 5, 6, 8, (:1:)

1, 8, 8, 9, 2, 5,

9, 7, 8, 2, 7,

7, 6, 1, 9,

4, 7, 1,

2, 8,

(:1:)

Hier ist die Zahl an der Spitze 1. Man muß daher zur Tabelle A die Tabelle I nehmen, da nun die ebenerwähnte Zahl eine 1 ist, so fängt man in der Tabelle A mit 2 zu zählen an.

Ferners ist die Summe der ersten Zahlenreihe des Dreiecks 37. Läßt man davon 4 mal 9 weg, so bleibt 1 übrig. Man fängt daher auch in der Tabelle I mit zwei an, hiernach erhält man aus beiden Tabellen die Zahlenreihen

5, 18, 22, 9, 17, 4, 7, 20, 19, 22, 5, 17,

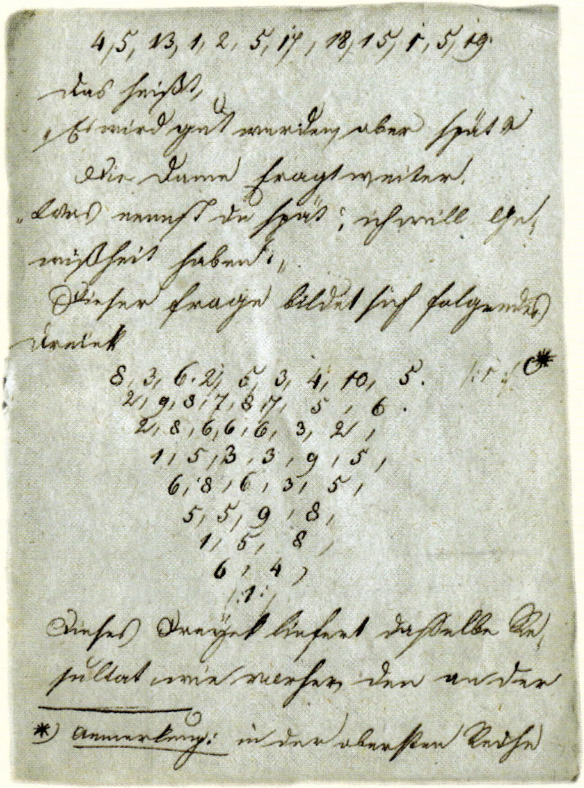
4, 5, 13, 1, 2, 5, 17, 18, 15, 1, 5, 19

das heißt,

„Es wird gut werden aber spät"

die Dame fragt weiter.

„Wann nennst du spät; ich will Gewißheit haben."

Dieser Fragen bildet sich folgendes Dreieck

8, 3, 6, 2, 6, 3, 4, 10, 5. *

2, 9, 8, 7, 8, 7, 5, 6.

2, 8, 6, 6, 6, 3, 2,

1, 5, 3, 3, 9, 5,

6, 8, 6, 3, 5,

5, 5, 9, 8,

1, 5, 8

6, 4

1

Dieses Dreieck liefert dasselbe Resultat [illegible]

*) Anmerkung: in der obersten Reihe

4, 5, 13, 1, 2, 5, 17, 18. 15, 1, 5, 19,

das heißt,

»Es wird gut werden, aber spät«.

Die Dame fragt weiter

»Was nennst du spät, ich will Gewißheit haben.«

Dieser Frage bildet sich folgendes Dreieck

8, 3, 6, 2, 5, 3, 4, 10, 5, (:1:)*
2, 9, 8, 7, 8, 7, 5, 6,
2, 8, 6, 6, 6, 3, 2,
1, 5, 3, 3, 9, 5,
6, 8, 6, 3, 5,
5, 5, 9, 8.
1, 5, 8,
6, 4,
(:1:)

Dieses Dreieck liefert dasselbe Resultat wie vorher den an der

---

*Anmerkung: in der obersten Reihe

Spitzen befindet sich eine 1, und die Summe der obersten Zahlenreihe ist, 46. Läßt man von dieser Zahl 5 mal 9 weg, so bleibt eine wahre 1 übrig. Der Prophet zeigt hiedurch deutlich an, daß er nicht gerne eine andere Antwort geben möchte, die Dame läßt sich aber dadurch nicht abschrecken und fragt darnach von neuem.

"Ich frage nochmals was meinst du spät?

Kann, wenn es das Orakel wie hier verlangt, eine größere Zahl als 9 gesetzt werden; hiedurch ändert sich aber das Resultat der Rechnung nicht, da immer bei der Addition die 9 durchwegs weggelassen wird.

Spitze befindet sich eine 1, und die Summe der obersten Zahlenreihe ist 46. Läßt man von dieser Zahl 5 mal 9 weg, so bleibt wie vorher 1 übrig. Der Prophet zeigt hiedurch deutlich an, dass er nicht gerne eine andere Antwort geben möchte. Die Dame läßt sich aber dadurch nicht abschrecken und frägt dennoch von neuem »Ich frage noch einmal was nennst du spät?«

---

kann, wenn es das Wort wie hier verlangt, eine größere Zahl als 9 gesetzt werden. Hiedurch ändert sich aber das Resultat der Rechnung nicht, da nachher bei der Adition die 9 doch wieder weggelassen wird.

Hieraus läßt sich folgendes Dreieck formiren:

8, 3, 5, 4, 6, 3, 6, 2, 5 |:6:|
2, 8, 9, 1, 9, 9, 8, 7
1, 8, 1, 1, 9, 8, 6,
9, 9, 2, 1, 8, 5,
9, 2, 3, 9, 4,
2, 5, 3, 4,
7, 8, 7,
6, 6,
|:3:|

Man nimt außer der Tabellen A, auch noch die Tabelle 3. In der Tabellen A, fangt man mit 4 und in der Tabelle 3 mit 7 zu zählen an, und letzteres deshalb, weil die Summe der obersten Zeile 42 ist, und wenn man davon

Hieraus läßt sich folgendes Dreieck formieren

8, 3, 5, 4, 6, 3, 6, 2, 5 (:6:)

2, 8, 9, 1, 9, 9, 8, 7

1, 8, 1, 1, 9, 8, 6,

9, 9, 2, 1, 8, 5,

9, 2, 3, 9, 4,

2, 5, 3, 4,

7, 8, 7,

6, 6,

(:3:)

Man nimmt ausser der Tabelle A auch noch die Tabelle 3. In der Tabelle A, fängt man mit 4 und in der Tabelle 3 mit 7 zu zählen an, und letzteres deshalb, weil die Summe der obersten Zeile 42 ist, und wenn man daran

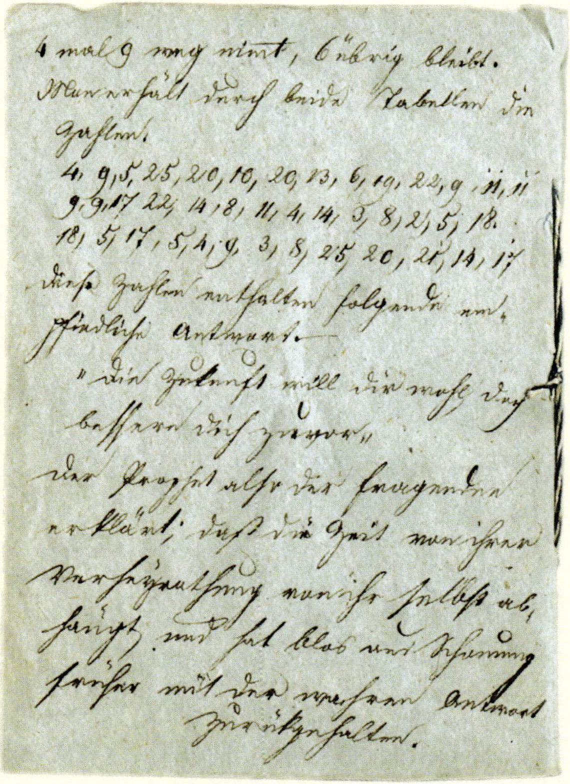

4 mal 9 weg nimt, 6 übrig bleibt.
Man erhält durch beide Tabellen die
Zahlen:
4, 9, 5, 25, 20, 10, 20, 13, 6, 19, 22, 9, 11, 11
9, 9, 17, 22, 14, 8, 11, 4, 14, 3, 8, 2, 5, 18.
18, 5, 17, 5, 4, 9, 3, 8, 25, 20, 21, 14, 17
diese Zahlen enthalten folgende em-
pfindliche Antwort.
„die Zukunft will dir wohl doch
bessern dich zuvor."
der Prophet also der Fragenden
erklärt, daß die Zeit von ihrer
Verheirathung von ihr selbst ab-
hängt, und hat klug und schonung
suchen mit der wahren Antwort
zurückgehalten.

4 mal 9 weg nimmt, 6 übrig bleibt. Man erhält durch beide Tabellen die Zahlen

4, 9, 5, 25, 20, 10, 20, 13, 6, 19, 22, 9, 11, 11, 4, 9, 17, 22, 14, 8, 11, 4, 14, 3, 8, 2, 5, 18, 18, 5, 17, 5, 4, 9, 3, 8, 25, 20, 21, 14, 17.

Diese Zahlen enthalten folgende empfindliche Antwort

»Die Zukunft will dir wohl, doch bessere dich zuvor«

Der Prophet also der Fragenden erklärt, daß die Zeit von ihrer Verheyrathung von ihr selbst abhängt, und hat blos aus Schonung früher mit der wahren Antwort zurückgehalten.

Allgemeines

Nehmen Sie sich für dieses Spiel, das mit verblüffender Synchronizität reagiert, also mit dem Phänomen der Zufallsentsprechung, Zeit und Ruhe. Die Erfahrung hat uns gezeigt, dass man sich gerne verzählt oder verrechnet. Deswegen lohnt sich ein konzentrierter Umgang mit den Regeln. Wie bei allen Dingen des Lebens macht es zu zweit oder in der Gruppe besonders viel Spaß. So könnte dieses Spiel heute, ebenso wie vor mehr als hundert Jahren, nicht nur durch sein System, sondern vor allem durch seine prophetischen Aussagen ein Ersatz für das verloren gegangene Orakel von Delphi werden, das mit einem vergleichbar ungeheuerlichen Aufwand von Jungfrauen und Priestern betrieben wurde, ganz zu schweigen von den gesundheitsschädigenden Dämpfen, mit denen das Orakeln verbunden war, und den äußerst anstrengenden und gefährlichen Anreisebedingungen, denen sich die Fragesteller ausgesetzt sahen. Allerdings muss zugegeben werden, dass sich in früheren Zeiten durch die vorher genannten Widerstände so manche Fragestellung bereits im Vorfeld von selbst erledigte. Dieser Gefährdung sind Sie heute bei der Benützung des »Wahren Propheten« zum Glück keinesfalls ausgesetzt.

Mit den besten Wünschen und Grüßen meiner Ahnen hoffe ich nun, dass Sie nicht nur viel Spaß und Unterhaltung mit dem Spiel haben werden, sondern durch das Phänomen »Zufall« auch das Staunen wieder erlernen.

Tabelle VII

1	22	13	5	12	5	5	22	5	6	20	1	9	18	5	18
9	5	9	10	6	18	3	17	8	13	13	13	13	14	5	4
8	20	17	20	5	9	5	6	17	20	19	8	1	17	13	7
13	14	4	22	18	9	11	4	7	20	2	3	5	20	4	7
18	5	5	13	17	18	13	9	5	12	4	17	9	4	9	10
13	13	9	5	20	19	18	8	5	6	9	18	13	8	25	1
19	1	6	7	3	3	18	17	20	7	4	13	5	6	8	8
19	4	22	5	5	4	17	18	19	5	5	1	20	9	17	11
22	23	18	18	17	17	9	11	4	5	9	10	9	19	13	6
13	19	9	21	17	18	12	19	11	9	18	18	17	9	4	5
8	5	5	3	3	3	18	5	1	2	9	13	20	8	8	8
21	11	20	21	12	18	3	13	5	13	5	0	6	7	12	5
8	9	13	5	17	18	18	19	5	9	19	3	22	11	10	11
3	4	11	19	5	8	1	11	20	21	8	9	1	18	19	19
7	8	9	10	11	12	11	4	13	18	18	5	13	14	20	21
11	5	9	1	19	17	4	5	18	19	5	18	3	7	0	2
5	6	25	6	12	12	8	5	0	5	13	0	7	8	0	5
19	13	14	9	22	0	5	6	7	5	0	0	0	0	9	10
2	3	0	17	0	0	0	0	17	18	5	0	2	18	0	0
0	0	4	5	13	14	0	0	0	0	0	0	0	0	0	0

Tabelle VII

5	22	11	22	8	9	11	7	22	23	9	5	1	9	1	18
5	5	9	10	11	9	5	17	19	19	8	2	17	18	19	13
3	4	12	6	17	9	4	5	4	19	8	4	9	17	19	5
4	5	5	5	5	9	17	14	4	19	9	10	9	17	11	3
12	8	9	5	17	18	13	22	19	8	21	22	5	19	9	10
5	1	5	11	5	1	25	12	12	13	22	17	17	5	17	18
20	9	19	20	20	19	22	9	19	7	10	17	17	18	9	5
1	10	17	5	20	25	1	2	13	13	17	5	1	8	13	20
20	21	18	9	19	13	20	19	6	18	12	13	3	3	12	21
5	4	19	3	5	6	8	8	5	5	19	9	17	8	17	18
5	19	8	17	5	3	20	22	18	19	25	18	17	19	9	8
8	5	3	4	20	21	1	17	13	4	9	9	8	9	5	14
11	1	6	9	7	7	5	6	17	12	18	20	5	5	25	5
9	10	6	7	4	5	18	25	20	13	13	14	20	11	20	9
19	20	5	0	5	6	9	20	21	8	5	10	17	0	13	14
11	9	5	12	17	20	22	0	9	10	11	3	17	0	22	13
1	0	8	9	5	10	11	0	1	6	17	0	13	14	13	5
1	0	17	19	19	0	6	7	0	0	13	0	19	1	5	0
17	18	0	0	7	0	5	13	13	0	1	2	0	0	18	0
0	0	0	0	7	8	0	0	19	0	0	0	0	0	5	0

Tabelle IX

2	18	18	18	6	18	22	7	21	22	5	9	9	9	17	3
5	5	5	6	18	13	13	19	1	8	17	22	17	18	19	4
4	4	7	22	4	1	5	6	9	4	4	4	5	5	5	3
9	10	12	9	9	9	18	9	13	8	19	20	12	17	17	17
9	7	5	17	5	6	5	13	7	25	5	5	18	5	11	12
13	9	20	20	22	13	22	13	13	14	5	3	9	22	5	4
9	18	4	5	9	8	13	9	17	20	18	4	5	6	13	19
18	4	4	12	18	9	9	10	5	8	19	3	9	20	5	17
13	14	25	14	9	17	13	18	13	2	5	6	5	11	7	7
4	25	6	1	22	23	9	4	25	14	9	19	17	11	20	21
19	25	20	19	17	5	1	4	9	10	21	20	4	19	7	18
7	20	13	14	14	4	5	1	20	18	5	13	18	19	13	5
9	2	19	3	18	4	3	4	18	9	13	5	5	8	9	13
8	9	9	13	5	17	18	14	9	14	5	6	5	5	12	9
1	13	0	3	0	4	2	12	18	18	13	5	0	8	0	6
5	7	3	19	19	17	0	22	0	7	13	11	8	12	22	22
0	5	6	7	22	20	1	9	14	1	0	9	14	9	14	9
4	19	17	17	20	19	3	5	3	3	5	4	19	19	8	12
13	9	8	10	13	9	5	5	0	5	0	4	5	0	0	17
13	13	0	8	0	12	13	0	0	0	0	0	0	17	18	1

Tabelle A.

4	4	5	4	4	4	4	8	5	0	9	5	17	9	5	5
9	14	18	8	5	9	22	5	17	9	5	6	22	14	15	13
1	5	8	13	25	6	9	2	11	7	17	17	9	7	20	5
17	14	1	5	19	6	12	5	10	0	4	0	13	13	5	20
12	18	20	3	0	4	5	9	0	9	5	3	13	14	1	17
19	20	20	11	11	8	6	7	2	16	5	18	8	11	0	9
19	0	4	5	13	0	19	20	7	3	0	4	2	9	0	3
0	13	8	10	2	7	6	2	5	9	7	7	4	0	2	1
7	6	12	5	20	4	13	1	9	3	16	4	4	0	0	5
12	8	0	19	3	1	5	16	12	9	4	19	7	8	6	4
7	20	2	13	5	13	1	1	12	13	3	8	24	5	25	20
19	7	9	9	9	3	9	17	10	12	15	1	13	13	13	0
0	22	0	7	16	2	9	25	22	3	19	20	17	0	21	16
15	0	14	18	12	9	13	20	9	10	10	9	0	8	8	13
0	7	8	16	17	13	13	8	7	18	0	6	5	4	4	4
15	25	1	3	1	1	0	21	22	13	0	20	25	8	15	1
17	1	3	3	19	3	4	5	6	0	0	0	14	16	1	1
3	0	8	0	14	11	11	4	4	7	5	0	6	2	2	12
7	17	0	0	3	3	12	5	20	19	3	8	15	0	12	7
18	5	3	1	1	12	9	13	0	0	1	0	25	0	20	19

Tabelle I.

1.	4.	13.	18	10	2	13	2	7	6	20	9	9	9.	14	5.
9	1	20	5	6	17	3	3	12	9	3	11	19	4	5	22
8	8	12	12	8	4	22	16	17	5	19	9	5	1	19	12
5	3	4	17	7	13	13	11	7	9	17	4	5	4	5	5
22	19	20	19	4	12	13	5	8	9	9	5	19	4	5	11
12	13	5	13	5	13	5	9	13	8	9	22	13	5	4	2.
13	7	1	2	19	9	22	12	20	11	4	1	2	3	4	5
9	9	5	5	5	13	5	6	9	4	5	1	18	9	13	4
17	18	17	20	4	8	22	2	0	5	18	12	13	5	20	17.
20	5	6	17	15	8	9	18	5	5	9	13	17	18	1	2.
3	21	18	25	13	0	21	22	5	6	8	5	22	5	18	19
20	5	19	20	19	17	20	9	3	4	5	17	0	2	1	4.
9	7	8	9	13	4	5	6	13	9	13	5	5	6	7	5
2	3	4	5	18	13	18	19	20	13	8	9	5	13	3	0.
19	18	17	0	4	6	17	18	8	19	0	20	22	13	13	0
18	19	5	7	19	12	15	0	13	18	0	0	18	9	11	11
0	5	13	6	6	11	19	0	2	5	13	5	9	8	25	20
0	9	0	0	12	17	16	2	14	13	16	0	15	12	13	13
20	21	1	3	2	1	18	9	5	19	5	14	3	5	9	13
0	0	2	0	14	13	13	5	14	20	17	19	19	0	2	14

Tabelle II

13	1	4	20	1	22	2	13	1	2	9	11	9	13	10	5
1	9	11	4	3	11	17	4	6	13	11	3	11	12	8	5
9	6	4	9	4	8	5	6	19	18	18	17	14	7	22	19
18	17	18	6	19	1	17	20	9	18	21	22	4	20	5	7
19	13	17	4	14	15	5	9	9	5	20	4	4	1	13	14
9	17	13	12	13	7	4	18	4	5	13	4	7	9	4	5
5	7	5	6	11	5	17	3	13	13	9	11	9	9	14	9
14	8	9	9	13	20	13	15	14	13	18	13	3	5	5	9
5	6	18	5	25	9	8	18	18	3	12	12	9	13	5	3
19	25	19	10	7	8	18	1	18	8	1	5	20	9	11	12
19	3	7	19	20	1	13	18	20	20	18	8	11	22	6	11
4	19	9	10	3	10	20	5	8	11	5	2	3	4	8	14
3	9	9	5	18	11	10	11	14	12	10	19	5	18	3	9
5	6	13	12	2	5	17	0	8	13	0	1	2	5	5	17
0	0	11	4	5	6	5	13	18	0	14	5	1	0	3	1
18	0	3	0	0	5	7	19	17	11	19	13	8	13	13	2
5	0	4	0	9	8	9	5	12	12	13	4	8	20	12	0
5	15	0	2	0	12	0	0	12	13	4	18	21	17	3	2
0	14	19	13	5	11	8	6	0	0	5	17	0	19	13	0
18	5	2	1	6	9	3	15	0	14	0	21	17	22	3	5

Tabelle III.

5	10	22	22	22	22	22	22	6	7	17	17	9	9	9	9
9	9	17	18	6	14	17	11	17	17	17	17	1	2	20	5
4	11	4	4	4	4	7	8	9	13	4	4	18	4	4	4
5	6	11	19	5	9	9	9	5	5	13	14	11	9	9	17
3	17	17	9	9	10	19	13	13	22	8	5	7	13	3	4
4	4	5	14	4	17	5	5	8	10	9	9	22	8	9	18
7	22	19	20	17	5	20	11	17	19	5	20	18	0	13	18
9	4	7	18	13	9	9	0	20	5	13	14	1	15	22	13
5	6	17	12	18	3	17	1	1	18	9	10	25	9	3	8
2	5	17	3	18	19	20	1	8	2	1	19	19	8	19	0
12	8	5	5	11	4	7	5	19	20	19	17	13	18	4	9
11	2	17	7	8	5	9	18	5	5	5	1	1	2	5	4
5	5	13	17	9	11	20	0	9	5	5	17	19	14	3	4
17	17	11	9	17	5	8	18	8	5	9	3	4	13	6	4
20	5	5	17	7	0	5	5	20	9	9	13	13	6	6	7
13	13	9	3	11	2	0	20	20	21	22	22	11	8	11	17
8	9	9	0	20	20	11	25	5	9	10	11	17	5	13	13
5	20	13	13	14	11	4	0	18	18	13	21	0	7	8	5
9	4	3	3	0	14	15	5	6	13	3	9	8	8	6	17
12	13	14	0	8	15	0	0	7	0	9	0	10	4	0	16

Tabelle IV

8	12	4	22	22	10	22	22	22	23	1	5	9	9	9	5
9	9	9	10	19	9	17	17	17	13	17	17	17	18	5	13
25	4	4	13	4	4	4	12	19	19	20	18	4	5	18	18
12	19	22	5	5	9	9	9	9	9	9	10	1	18	13	3
17	13	3	3	3	4	18	7	19	8	7	8	8	8	8	9
7	20	8	13	5	5	1	21	1	2	17	19	20	1	22	18
5	5	5	0	14	12	9	3	1	22	13	17	13	17	18	9
11	8	5	9	4	18	4	24	25	19	11	4	8	17	5	3
5	0	5	4	5	5	17	4	17	8	17	19	18	9	13	9
5	4	13	11	13	0	12	17	9	13	13	9	1	9	18	8
9	8	12	5	1	17	2	12	5	6	19	14	19	12	13	13
5	12	9	0	4	6	12	22	5	9	17	5	21	7	9	6
9	1	9	5	18	17	14	16	17	5	17	13	13	8	15	13
17	4	21	0	21	4	5	14	1	4	18	0	14	4	5	5
12	11	5	14	9	10	17	0	17	11	1	4	19	3	3	0
0	17	18	17	13	18	0	8	8	9	0	10	1	9	4	5
7	18	19	20	1	2	7	3	5	24	9	14	9	13	4	19
19	8	17	13	0	6	7	8	5	13	0	19	13	0	14	6
0	9	14	0	4	5	14	0	4	5	6	18	13	0	12	13
17	20	1	0	4	13	7	8	14	0	19	25	21	20	17	18

Tabelle V.

18	20	7	8	9	22	2	22	21.	22	14	13	9	1	18	9
9	9	5	6	17	4	2	19	19	17	11	17.	17	6	7	4
19	18	4	4	11.	4.	2	3	19.	9	18	3	9	9.	9.	7
9	5.	6	5	4	8	17	13	7	5.	17	18	20	5.	14.	14
13	4	19	22	7.	0.	9.	17	3	13.	9:	9.	18	1.	19	20
17.	4	8	7	3.	5	4.	5.	13.	3.	4.	5.	25.	5	8	18.
20	8	9	8	9.	18	5	22	19	5	22	17.	3	0	3	9
8	1.	8	12	9	5	8	9.	8	13	13.	5.	14	9	17	13
19	5	6	4	21	8	11	1	18	22	20	21	17	4	14	17
4	8	19	1.	12	0.	1.	9	11.	19.	8.	17	5.	18	18	19.
7	17	11	22	14.	5	18	4	14	4	5.	13	5	1.	6	8.
2	9	13	21	22	14.	9.	18	6	5	1	5	18	19	5	3
1	4	5.	9	11	5	19	20	9.	8	8	20	13	19	4	17
4	0	19	11	17.	21.	9.	5.	5.	4.	9	10	5	1	5	5
3	17	17	5	5	16	17	13	22	17	8	22	6.	21	25	20
13	7	1	11	19	5	1	5	20	21	9	25	17	1	18	17
8	17	10	0	3	20	19	3	0	4	17	18	20	5	8	22
5	7	4	5	5	1	13	0	19	9	13	18	12	13	13	7
6	17	18	4	14	19	19	0	0	19	19	20	0	5	3	0.
5	11	11	0	0	9	18	17	8	0	21	1	2	0	13	1

Tabelle VII

22	22	22	5	9	9	22	9	7	4	9	5	9	17	18	18
9	18	5	9	17	17	17	6	19	19	17	19	18	20	4	4
1	14	10	4	4	13	3	20	4	5	13	11	11	9	4	1
8	12	5	13	9	7	5	17	9	3	9	8	9	4	5	19
9	21	17	8	5	16	13	5	5	4	13	5	5	13	8	1
5	9	17	14	6	17	9	5	5	12	5	13	6	3	20	18
13	20	19	25	17	5	14	8	17	1	19	13	22	18	22	13
11	13	4	7	17	12	5	3	1	1	7	9	1	19	1	1
13	22	17	3	5	3	18	5	20	11	4	7	19	8	13	8
7	17	12	13	5	15	20	10	25	19	11	7	14	5	17	16
13	14	20	25	20	9	6	20	12	24	7	12	4	20	9	2
6	13	14	15	5	12	5	4	3	4	5	20	13	16	13	5
9	5	10	9	13	13	4	2	20	13	13	9	22	3	2	1
18	20	5	5	9	13	1	8	1	13	9	10	2	17	12	5
18	9	17	5	3	4	5	6	7	12	25	13	5	20	8	9
17	1	11	7	20	7	13	13	5	4	19	8	20	11	4	5
0	19	17	20	17	19	9	20	9	4	6	1	13	10	5	5
3	9	17	20	0	7	5	0	6	13	10	3	5	11	11	5
20	21	6	0	5	10	9	4	8	13	5	9	5	9	0	5
11	0	13	0	19	20	13	5	15	8	19	1	0	2	0	17

a, b, c, d, e, f, g, h, i. k, l,
1, 2, 3, 4, 5, 6, 7, 8, 9, 10, 11,

m, n, o, p, q, r, ſ, t, u, v,
12, 13, 14, 15, 16, 17, 18, 19, 20, 21,

w, x, y, z.
22, 23, 24, 25.